Low-Carb

Anleitung für eine gesunde Low-Carb Mahlzeit:

- Achten Sie darauf, dass auf Ihrem Teller **eine große Portion Gemüse** Platz findet.

- Dazu kombinieren Sie ein passendes **eiweißhaltiges Lebensmittel**,
  z.B. wie die Rezeptkategorien hier im Buch aufgeteilt sind: Fleisch, Fisch, Ei usw.

- Beachten Sie dabei, dass das **Mengenverhältnis** so sein sollte,
  dass Sie doppelt so viel Gemüse wie z.B. Fleisch auf dem Teller haben.

- Setzen Sie bei der Zubereitung Ihrer Speisen immer **hochwertige Fette** ein.
  Mehr dazu finden Sie auf Seite 6.

- **Obst ist sehr gesund** - bedenken Sie aber den teilweise hohen
  Zucker - also Kohlenhydratgehalt! Essen Sie nicht mehr als
  1-2 Handvoll Obst am Tag, gerne als Abschluss einer Mahlzeit.

- **Vergessen Sie nicht viel zu trinken** - hierbei dürfen es schon 1,5-2 Liter Wasser
  oder ungesüßter Tee sein. Im Sommer schmeckt z.B. mit Minze aromatisiertes
  Wasser - hierzu frische Minze in stilles Wasser geben, nach ca. einer halben Stunde
  haben Sie ein herrlich erfrischendes Getränk!

- Wichtig jedoch ist, dass Sie den **Esstisch satt verlassen** - eine Mahlzeit sollte
  Sie für 4 Stunden sättigen. Wenn Sie nur Gemüse essen, wird es schwer dies zu
  schaffen, da gerade das Fett sowie das Eiweiß einen hohen Sättigungswert haben.
  Sparen Sie also nicht an dieser Stelle!

- Wenn Sie abnehmen möchten, sollten Sie erst mal versuchen die Low-Carb Brote
  und Kuchen außen vor zu lassen. Der Fettanteil ist hier zum Teil sehr hoch und kann
  Ihr Vorhaben behindern!

Guten Appetit wünscht

Tanja Lorenz

Rezeptübersicht

KAFFEE

Bei allen Rezepten finden Sie so wenige Kohlenhydrate wie „eben möglich". Aus dem einfachen Grund: Es gibt viele unterschiedliche Low Carb Ernährungsweisen. Natürlich kann das jeweilige Rezept angepasst werden. So können Sie z.B. bei einer Low Carb Ernährung nach der Logi-Pyramide zusätzlich zu **hochwertigen Vollkornprodukten** greifen.

Die Rezepte sind meist für 2 Portionen berechnet - entweder, um jemanden mit zu bekochen oder um die zweite Portion am nächsten Tag z.B. als "Mittagessen bei der Arbeit" mitzunehmen. Viele Suppenrezepte reichen entweder für eine sehr große Mahlzeit oder um sich noch etwas einzufrieren für Tage, an welchen man nicht mal Zeit findet, den Thermomix zu verwenden.

Wichtig: Hochwertige Öle verwenden!
Bei vielen Menschen muss ein „Ölwechsel" im Küchenschrank stattfinden - ungünstige Fettsäuren schaden dem Körper, während andere zuträglich sind. Empfehlenswert sind: Olivenöl, Rapsöl und, wer es geschmacklich mag, auch Kokosöl.
Olivenöl sowie Rapsöl gibt es in unterschiedlichen Qualitäten: Für Salate verwenden Sie die nativen Öle, zum Braten muss es nicht das native oder kaltgepresste sein. Hier können Sie ein günstigeres verwenden.

Gemüsebrühe
Verwenden Sie am besten die selbst gemachte Gemüsebrühe (Suppengrundstock) aus dem Grundkochbuch. Alternativ empfehle ich Gemüsebrühe ohne Glutamat oder Hefeextrakt.

Gewürze
Es gibt wunderbare Gewürzmischungen im Biomarkt - testen Sie verschiedene aus, so haben Sie tolle Varianten ohne Zusatzstoffe!

Spezialzutaten

Ich verwende selbst wenig Spezialzutaten, ein paar sind jedoch eine sinnvolle Anschaffung:

Kokosmehl und Mandelmehl

Das hat nichts mit Kokosraspeln oder gemahlenen Mandeln zu tun, sondern entsteht nach dem Pressen (Ölherstellung). Der Presskuchen wird anschließend getrocknet und vermahlen. Es bindet sehr gut und hat einen hohen Ballaststoffanteil. Mandelmehl bekommen Sie z.B. in Reformhäusern oder Biomärkten.

Guarkernmehl

Auch Guarkernmehl wird in diesem Rezeptbuch als Bindemittel eingesetzt. Man benötigt sehr wenig, da die Bindefähigkeit sehr hoch ist. Es sollte daher sehr sparsam eingesetzt und sofort mit dem TM untergerührt werden. Es lässt sich auch kalt verwenden, was für Quarkcremes und ähnlichem von Vorteil ist. Tipp: am Besten in einem feinen Sieb während der Thermomix rührt eingeben.

Erythrit/Erythritol

Dies ist ein Zuckeraustauschstoff und wird aus Pilzen oder Gemüse gewonnen. Erhältlich ist Erythritol im Reformhaus oder im Internet. Er ist gesundheitlich unbedenklich und ist im Gegensatz zu manch anderen Alternativzucker-Arten wie z.B. Xylit gut verträglich.

Erythrit besitzt ca. 80% der Süßkraft von Zucker und kann aufgrund seiner Beschaffenheit auch zum Backen verwendet werden. Allerdings muss man darauf achten, nicht zu viel zu verwenden, da sonst ein Kältegefühl beim Essen im Mund entstehen kann. Erythrit hat keine Kalorien und wird vom Körper nicht verstoffwechselt - daher eignet es sich perfekt für eine kohlenhydratarme Ernährung.

Flohsamen und Flohsamenschalen:

Flohsamen sind sehr ballaststoffhaltig, es ist daher ein gesundes Plus, wenn Sie das Brot in diesem Buch backen. Sie helfen Ihrer Verdauung, indem Sie viele Ballaststoffe zu sich nehmen. Wenn Sie mehr Ballaststoffe essen als bisher sollten Sie darauf achten viel zu trinken, die Ballaststoffe können sonst verstopfend wirken. Beachten Sie beim Einkauf: es gibt Flohsamen und Flohsamenschalen - in diesem Rezeptbuch kommen beide zum Einsatz.

Chia-Samen

Sie beinhalten auch sehr viele Ballaststoffe und werden im Moment als „Superfood" angepriesen, da sie sehr nährstoffreich sind: Eiweiß, Kalzium, Omega3 Fettsäuren usw. Chiasamen werden in Flüssigkeit eingerührt und quellen dann sehr stark auf - Sie werden bis zu 12x so groß. Sie können jedoch auch gemahlen und als Bindemittel eingesetzt werden.

Eiweißpulver

Dieses findet nur selten in diesem Rezeptbuch eine Verwendung. Einzig bei dem Marmorkuchenrezept wird es eingesetzt. Achten Sie hier auf ein kohlenhydratarmes, neutral schmeckendes Produkt aus dem Drogeriemarkt.

Vanillepulver

Dies hat nichts mit Vanille- oder Vanillinzucker zu tun, sondern es handelt sich um ein Pulver, welches aus der ganzen Vanilleschote gewonnen wird. Erhältlich ist es in Pulverform oder als Mühle im Biomarkt, aber auch im gut sortiertem Supermarkt.

Alternativen zu Nudeln

Gemüsenudeln

Mit einem Nudelschneider können Sie aus Zucchini, Pastinaken, Gurken, Karotten usw. wunderbare „Nudeln" schneiden. Einerseits können Sie diese kurz dünsten, möglich ist jedoch auch diese Roh zu geniessen. Auch im Salat sind solche „Nudeln" eine Abwechslung!

Es gibt unterschiedliche Geräte zur Herstellung von Gemüsenudeln - am besten informieren Sie sich im Fachgeschäft.

Shirataki-Nudeln

Diese Nudelalternative kann in Asiashops, im Internet und oft auch im Bioladen gekauft werden.

Sie bestehen aus der Konjakwurzel, beinhalten sehr viele Ballaststoffe und keine verwertbaren Kohlenhydrate. Sie schwimmen in einer Flüssigkeit, sind daher nicht getrocknet. Etwas befremdlich kann im ersten Moment sein, dass die Einlegeflüssigkeit etwas fischig riecht - wenn man sich davon jedoch nicht abschrecken lässt hat man eine tolle kohlenhydratarme Alternative zu Nudeln.

Ingwer schälen

So funktioniert: Schälen Sie den Ingwer ganz einfach mit einem Teelöffel.

Parmesankörbchen für Salat

1. Backofen auf 200°C vorheizen. Parmesan in den Mixtopf geben und **15 Sek./Stufe 10** zerkleinern. Auf ein mit Backpapier ausgelegtes Backblech gleichmäßig als Kreis (wie eine Oblate) mit ca. 15cm Durchmesser streuen. Im Backofen ca. 5-6 Min. goldbraun backen.

2. Parmesankreise noch heiß mit einem Wender ablösen und vorsichtig in eine breite Tasse oder Schale legen und auskühlen lassen. So bekommt er eine schöne Schalenform.

Pro Parmesankörbchen: 198 kcal, F 15g, EW 15g, KH 0g

Karottenblumen

So funktioniert: Die gegarte Karotte mit Hilfe eines Kanneliermessers in Blumenform bringen und dann die Karotte in Scheiben schneiden.

BLUMENKOHLSUPPE
mit Krabben

Zutaten:

200 g	Lauch	**175 g**	Frischkäse, fettreduziert
15 g	Rapsöl		bis 15% Fett
400 g	Blumenkohl	**1 Msp.**	Muskat, gemahlen
250 g	Karotten	**10**	Dill-Stängel (alternativ Petersilie)
200 g	Krabben		
800 g	Gemüsebrühe		
etwas	Salz & Pfeffer		

Zubereitung:

- 1 -

Lauch in Stücken in den Mixtopf geben und **7 Sek./Stufe 5** zerkleinern.
Rapsöl zugeben und **4 Min./Varoma/Stufe 1** dünsten.
Blumenkohl und Karotten in groben Stücken hinzufügen
und **5 Sek./Stufe 5** zerkleinern. Krabben in den Varoma geben.

- 2 -

Gemüsebrühe, Salz und Pfeffer in den Mixtopf hinzugeben, verschließen und Varoma
mit den Krabben aufsetzen. Das Ganze **25 Min./100°C/Stufe 1** kochen.

- 3 -

Nach Garzeitende Varoma abnehmen, Messbecher in den Mixtopfdeckel
einsetzen und die Suppe **30 Sek./Stufe 9** pürieren. Frischkäse und Muskat zugeben,
nochmal **10 Sek./Stufe 5** verrühren und abschmecken.
Von der Suppe ca. 100 g zur Seite nehmen, restliche Suppe in eine Suppenschüssel geben
oder auf Teller verteilen.

- 4 -

Dill, sowie die aufgefangene Suppe wieder in den Mixtopf geben und
30 Sek./Stufe 10 pürieren. Die angefärbte Suppe dekorativ auf die Teller dazugeben,
mit den Krabben anrichten und ggf. mit etwas frischem Dill bestreut servieren.

EINE BRISE
Meer
kcal: 271
KH: 14 g
EW: 32 g
Fett: 9 g
Pro Portion:

TOMATENSUPPE
mit Putenklösschen

Zutaten:

Für die Klößchen:

300 g	Putenbrustfilet, in Stücken, gefroren
1 Handvoll	Petersilie
1	Zwiebel, halbiert
1	Ei
1 TL	ital. Kräuter, getrocknet
etwas	Salz & Pfeffer

Für die Suppe:

2	Zwiebeln, halbiert
3	Knoblauchzehen
10 g	Rapsöl
2 Dosen	ganze Tomaten (á 400 g)
800 g	Gemüsebrühe
1 TL	Oregano
1 TL	Thymian
1 Msp.	Zimt
40 g	Tomatenmark

Zubereitung:

Putenklößchen:

- 1 -

Gefrorene Putenbruststücke in den Mixtopf geben und **3-5 Sek./Stufe 5** zu Hackfleisch verarbeiten. Umfüllen.

- 2 -

Petersilie und Zwiebel in den Mixtopf geben, **5 Sek./Stufe 5** zerkleinern. Restliche Zutaten für die Klößchen zugeben und **10 Sek./Stufe 4** vermengen. Umfüllen.

- 3 -

Aus der Masse mit feuchten Händen kleine Klößchen formen und in den Varoma legen.

Tomatensuppe:

- 4 -

Zwiebeln und Knoblauch **5 Sek./Stufe 5** zerkleinern. Mit dem Spatel vom Mixtopfrand nach unten Richtung Topfboden schieben. Rapsöl zugeben und **3 Min./Varoma/Stufe 1** dünsten.

- 5 -

Restliche Zutaten für die Suppe dazugeben, Mixtopf verschließen und Varoma mit den Klößchen aufsetzen. Das Ganze **25 Min./Varoma/Stufe 2** garen.

- 6 -

Varoma abnehmen. Messbecher in den Deckel einsetzen und die Suppe **30 Sek./Stufe 9** pürieren.

     Hackfleischzubereitung online anschauen: www.mixgenuss.de/tipps-tricks

TIPP: Mit einem Kugelausstecher lassen sich gleichgroße Klößchen portionieren.

PILZSUPPE

mit Schinken

Zutaten:

20 g	getrocknete Steinpilze		½ TL	Thymian
200 g	heißes Wasser		1 TL	Salz
1	große Zwiebel, halbiert		etwas	Pfeffer aus der Mühle
1	Knoblauchzehe		100 g	Sojasahne
1 EL	Rapsöl		1 EL	Öl
400 g	Champignons, geputzt und in grobe Stücke geschnitten		200 g	gekochten Schinken, in Streifen geschnitten
550 g	Gemüsebrühe		20 g	Sojasahne zum Garnieren
			etwas	Petersilie zum Garnieren

Zubereitung:

- 1 -

Steinpilze in heißem Wasser einweichen, das Einweichwasser wird später mitverwendet.
Zwiebel und Knoblauch in den Mixtopf geben und **5 Sek./Stufe 5** zerkleinern.
Mit dem Spatel vom Mixtopfrand nach unten Richtung Topfboden schieben.
Rapsöl zugeben und **3 Min./Varoma/Stufe 1** dünsten.

- 2 -

Steinpilze etwas ausdrücken und mit den Champignons in den Mixtopf geben.
Erneut **4 Min./100°C/Stufe 1** dünsten. Mit dem Steinpilzwasser und der Gemüsebrühe auffüllen.
Thymian, Salz und Pfeffer hinzufügen und **20 Min./100°C/Stufe 1** kochen.

- 3 -

Nach Garzeitende Sojasahne hinzufügen, Messbecher in den Deckel einsetzen
und die Suppe **30 Sek./Stufe 9** pürieren.

- 4 -

Öl in einer Pfanne erhitzen und die Schinkenstreifen anbraten.
Suppe auf 2 Teller verteilen. Mit Schinkenstreifen, Sojasahne und Petersilie garnieren.

TIPP: Wer keine Sojasahne mag, kann auch normale Sahne verwenden. Wer Kcal sparen möchte verwendet Saure Sahne, diese jedoch mit etwas Suppe anrühren, damit sie nicht ausflockt.

MEERRETTICHSUPPE

mit geräucherter Forelle

Zutaten:

60 g	Karotte	**40 g**	Meerrettich aus dem Glas
2	Zwiebeln	**etwas**	Salz & Pfeffer
10 g	Rapsöl	**1 Msp.**	Muskat
500 g	Knollensellerie	**400 g**	geräuchertes
50 g	Weißwein		Forellenfilet
600 g	Gemüsebrühe		

Zubereitung:

- 1 -

Karotte und Zwiebeln in Stücken in den Mixtopf geben und **5 Sek./Stufe 5** zerkleinern.
Mit dem Spatel vom Mixtopfrand nach unten Richtung Topfboden schieben.
Rapsöl zugeben und **3 Min./Varoma/Stufe 1** dünsten.

- 2 -

Sellerie in ca. 2 cm große Würfel schneiden und zugeben.
Weißwein und Gemüsebrühe hinzufügen und
20 Min./100°C/Stufe 2 mit offenem Deckel kochen.
Hinweis: Garkörbchen als Spritzschutz oben auf den Deckel stellen.

- 3 -

Nach Garzeitende Meerrettich zugeben, Messbecher in den
Deckel einsetzen und **30 Sek./Stufe 9** pürieren.
Suppe mit Salz und Pfeffer abschmecken und mit geräucherter Forelle servieren.

EIN GUTER
Fang
Pro Portion:
kcal: 314
KH: 12 g
EW: 42 g
Fett: 6 g

JOGHURT
Vinaigrette

Zutaten:

250 g	Joghurt	**½ TL**	Senf
20 g	Orangensaft	**½ Kästchen**	Kresse
20g	Balsamicoessig, weiß	**½ TL**	Salz
20 g	natives Rapsöl	**etwas**	Pfeffer

Zubereitung:

- 1 -

Alle Zutaten (außer Kresse) in den Mixtopf geben und **10 Sek./Stufe 4** mischen.

- 2 -

Kresse dazugeben und **5 Sek./** ↺ **/Stufe 2** unterrühren. In ein verschließbares Glas füllen und im Kühlschrank aufbewahren. Restliche Kresse über den Salat geben.

TIPP: Wer es gerne etwas süßer mag, kann noch etwas Erythritol dazugeben.

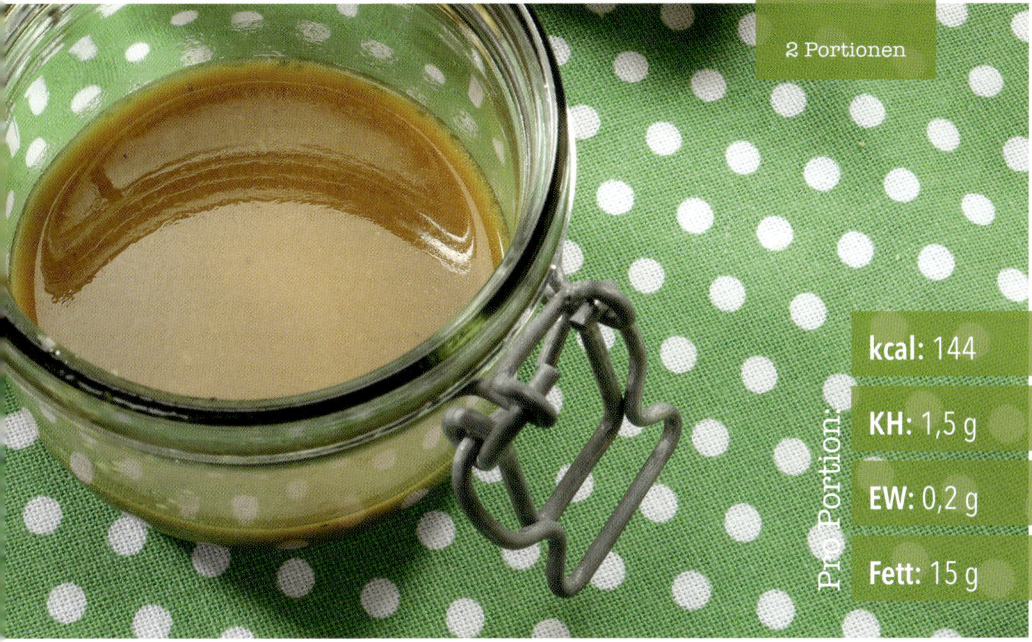

MEERRETTICH

Dressing

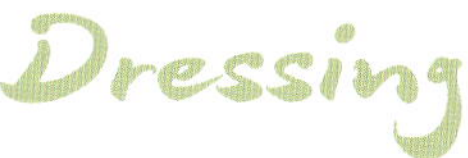

Zutaten:

15 g	Balsamicoessig, dunkel	**30 g**	natives Rapsöl
15 g	Weißweinessig	**1 Msp.**	Senf
1 gestr. TL	Meerrettich aus dem Glas	**1 Prise**	Salz
		etwas	Pfeffer

Zubereitung:

- 1 -

Alle Zutaten für das Dressing in den Mixtopf geben und **10 Sek./Stufe 4** vermischen. Kurz vor dem Servieren über den Salat geben.

SALAT MIT RICOTTA-NOCKEN

dazu Minzvinaigrette

Zutaten:

Zutaten Ricotta-Nocken:

1 Handvoll Petersilie
50 g Parmesan, in Stücken
250 g Ricotta
2 Eigelb
¼ TL Guarkernmehl
25 g Mandelmehl
etwas Schale von einer Limette
etwas Mandelmehl zum wälzen

300 g Blattsalate, bunt gemischt
30 g Himbeeren

Zutaten Vinaigrette:

1 kl. Handvoll Minze
1 Knoblauchzehe
2 EL Balsamicoessig, weiß
¼ TL Zitronenschale
2 EL Zitronensaft, frisch gepresst
3 EL natives Rapsöl
¼ TL Salz
etwas Pfeffer

Zubereitung:

- 1 -

Den Backofen auf 180°C Ober-/Unterhitze vorheizen und ein Backblech mit Backpapier belegen.
Petersilie und Parmesan in den Mixtopf geben und **15 Sek./Stufe 7** zerkleinern.
Restliche Zutaten für die Ricotta-Nocken hinzufügen und **15 Sek./Stufe 3** verrühren.

- 2 -

Die Masse zu etwa walnussgroßen Nocken formen (mit zwei kleinen Löffeln), auf das Backblech
legen und 15–20 Min. im Ofen backen, bis sie goldgelb sind. Mixtopf spülen.

- 3 -

Für die Vinaigrette, Knoblauch und Minzblätter **3 Sek./Stufe 6** zerkleinern.
Restliche Zutaten für die Vinaigrette zugeben, **8 Sek./Stufe 4** vermischen.

- 4 -

Nach Ablauf der Backzeit den Salat mit der Vinaigrette vermischen,
Himbeeren und Ricotta-Nocken darauf verteilen und genießen.

TIPP: Die Ricotta-Nocken sind sehr nahrhaft und weniger zum Abnehmen geeignet.

Italienischer
GEMÜSESALAT

Zutaten:

50 g	Walnusskerne	**30 g**	Olivenöl
200 g	feine grüne Bohnen, gewaschen und geputzt	**20 g**	Balsamicoessig, weiß
		125 g	Mozzarella
450 g	Blumenkohl, in Röschen geteilt	**etwas**	Salz und Pfeffer
70 g	getrocknete Tomaten in Öl, in Streifen		

Zubereitung:

- 1 -

Walnusskerne in einer Pfanne ohne Fett rösten.
In den Mixtopf geben, **3 Sek./Stufe 6** hacken und umfüllen.

- 2 -

Wasser **(TM31: 500 g • TM5: 900 g)** in den Mixtopf füllen.
Die grünen Bohnen in das Garkörbchen, die Blumenkohlröschen in den Varoma geben
und **TM31: 22 Min./Varoma/Stufe 1, TM5: 24 Min./Varoma/Stufe 1**
weich dünsten. Den Mixtopf kalt ausspülen und trocknen.
Getrockneten Tomaten, Olivenöl, Balsamico, sowie etwas
Salz & Pfeffer im Mixtopf **5 Sek./Stufe 3** mischen.

- 3 -

Gemüse und Vinaigrette vermischen, Mozzarella darüber geben und
mit gerösteten Walnüssen bestreut servieren.

MEDITERRANER
Genuss
kcal: 472
KH: 15 g
EW: 20 g
Fett: 36 g
Pro Portion:
TIPP: Schmeckt auch
gut mit Feta.

THAI-NUDELSALAT

mit Räuchertofu

Zutaten:

Für die Marinade:

5 g	Ingwer	180 g	Lauch, in feinen Streifen
15 g	Mandelmus	50 g	Karotte, in feinen Streifen
10 g	Sojasoße	75 g	Paprika, in feinen Streifen
10 g	Limettensaft	200 g	Shirataki Nudeln
5 g	Tahin (Sesampaste)		
		10 g	Sesamsamen
		1 TL	Olivenöl
		100 g	Räuchertofu, in kleinen Würfeln

Zubereitung:

- 1 -

Ingwer schälen (s. Tipp Seite 9) und in den Mixtopf geben. **3 Sek./Stufe 8** zerkleinern. Mit dem Spatel nach unten schieben. Alle weiteren Zutaten für die Marinade hinzufügen und **10 Sek./Stufe 4** mixen. Umfüllen und Mixtopf spülen.

- 2 -

Wasser (**TM31: 500 g** • **TM5: 800 g**) in den Mixtopf füllen. Das Gemüse in das Garkörbchen geben, einsetzen und **TM31: 7 Min./Varoma/Stufe 1, TM5: 9 Min./Varoma/Stufe 1** dünsten. In der Zwischenzeit die Shirataki-Nudeln nach Packungsanweisung garen. Alle Zutaten in einer großen Schüssel vermengen.

- 3 -

Sesam in einer heißen Pfanne ohne Fett rösten. Umfüllen. In der gleichen Pfanne das Olivenöl erhitzen und den Tofu anbraten. Zu der Gemüse-Nudelmischung geben, auskühlen lassen.

EXOTISCHER
Nudelsalat
Pro Portionen:
kcal: 224
KH: 10,4 g
EW: 15 g
Fett: 13,4 g
TIPP: Mit einem Julienne-Schneider können Sie Karotten am Besten schneiden.

ROASTBEEF-SALAT

Zutaten:

400 g	Prinzessbohnen, gewaschen und geputzt	**etwas**	Pfeffer
1	kl. rote Zwiebel, halbiert, in feinen Ringen	**10 g**	Senf
		300 g	Roastbeef in dünnen Scheiben
800 g	Gemüsebrühe	**Zum Garnieren**	
20 g	Balsamicoessig, dunkel	**20 g**	Kürbiskerne geröstet
20 g	natives Rapsöl	**2 TL**	Kürbiskernöl
¼ TL	Salz		

Zubereitung:

- 1 -

Prinzessbohnen und Zwiebelringe in den Varoma geben. Gemüsebrühe in den Mixtopf füllen. Varoma aufsetzen und das Ganze **25 Min./Varoma/Stufe 1** garen. Die Bohnen und Zwiebelringe anschließend in eine Schale geben.

- 2 -

50 g Brühe aus dem Mixtopf auffangen, Balsamico, Rapsöl, Salz, Peffer und Senf zugeben und **5 Sek./Stufe 3** vermengen. Dressing über die Bohnen und Zwiebeln geben und vermengen.

- 3 -

Roastbeef auf den Tellern verteilen, Bohnensalat darauf geben und mit dem Kürbiskernöl und den Kürbiskernen garnieren.

TIPP: Kürbiskerne rösten Sie in einer Pfanne ohne Fett. Anstelle von Roastbeef können Sie auch kalten Braten verwenden.

KNUSPRIGE KÄSE-KRÄCKER

Zutaten:

50 g	Parmesan, in Stücken	**½ TL**	Salz
25 g	Mandelmehl (s. Seite 7)	**etwas**	Pfeffer
2	Eier	**1 TL**	Rosmarin, getrocknet
1 TL	Paprika, edelsüß		

Zubereitung:

- 1 -

Ofen auf 200°C Ober-/Unterhitze vorheizen.
Parmesan in den Mixtopf geben und **10 Sek./Stufe10** reiben.
Restliche Zutaten einwiegen und **10 Sek./Stufe 4** vermengen.

- 2 -

Auf ein Backblech mit Backpapier geben, so dünn wie möglich mit
einer Teigkarte verstreichen und für ca. 20 Min. in den Backofen geben.

- 3 -

Wenn die Kräcker goldbraun sind, herausnehmen und
sofort schneiden, z. B. mit einem Nudelrad.

Pro Portion:
kcal: 114
KH: 1,3 g
EW: 10 g
Fett: 7 g
WÜRZIGER
Snack

KETCHUP
ohne Zucker

Zutaten:

50 g	Knollensellerie		**20 g**	Balsamicoessig, dunkel
1	Zwiebel		**2 TL**	Salz
1 EL	Rapsöl		**etwas**	Pfeffer
2 Dosen	stückige Tomaten (á 400 g)		**ca. 4 TL**	Erythrit
10 g	Ingwer, geschält und grobgehackt (Schältipp siehe S. 9)			

Zubereitung:

- 1 -

Sellerie und Zwiebel in Stücken in den Mixtopf geben und **5 Sek./Stufe 5** zerkleinern. Mit dem Spatel vom Mixtopfrand nach unten Richtung Topfboden schieben. Rapsöl zugeben und **3 Min./Varoma/Stufe 1** dünsten.

- 2 -

Tomaten, Ingwer, Balsamico, Salz und Pfeffer hinzufügen und **35 Min./Varoma/Stufe 1** ohne eingesetzten Messbecher kochen.
Hinweis: Garkörbchen als Spritzschutz oben auf den Mixtopf stellen.

- 3 -

Nach Garzeitende den Messbecher in den Deckel einsetzen und Ketchup **45 Sek./Stufe 10** fein pürieren. Mit Erythrit abschmecken.
Das Ketchup hält sich in einer verschlossenen Flasche ca. 1 Woche.

Hinweis: Wer gerne Ketchup auf Vorrat hat, kann dies gerne nach dem Pürieren nochmal aufkochen und in kleinen Schraubgläsern einwecken.

DIE LEICHTE
Variante

TIPP: In 100 g gekauftem Ketchup stecken ca. 24 g KH, in diesem gerade mal 2 g!

Portion á 30g:

kcal: 24

KH: 2 g

EW: 0,3 g

Fett: 1 g

PUTENSTICKS
mit Knusperpanade

Zutaten:

35 g	Nussmischung z.B. Paranuss, Haselnuss, Mandeln	**1 Msp.**	Zimt
50 g	Sojaflocken	**2**	Eiweiß
¼ TL	Pfeffer	**300 g**	Putenfilet, längs in Sticks geschnitten
½ TL	Salz		

Zubereitung:

- 1 -

Nüsse und Sojaflocken mit Gewürzen in den Mixtopf geben, **10 Sek./Stufe 6** hacken und auf einen Teller umfüllen. Mixtopf spülen.

- 2 -

Eiweiß auf einen Teller geben und mit einer Gabel verquirlen.
Putenstücke erst durch die Eimasse ziehen, dann in der Nussmischung panieren.

- 3 -

Ofen auf 180°C Ober-/Unterhitze vorheizen, die Sticks auf ein Backblech mit Backpapier geben und ca. 25 Min. goldbraun backen, nach der Hälfte der Zeit einmal wenden.
Nach der Garzeit gemeinsam mit dem Ketchup geniessen.
(Rezept für Ketchup siehe S. 30)

Als vegetarische Variante können auch fettarmen Schafskäse damit panieren.

KETCHUP
LECKER ZU
Salat
Pro Portion.
kcal: 377
KH: 2 g
EW: 56 g
Fett: 16 g
TIPP: Der Gemüsesalat (S. 64)
passt hier super dazu.

GEMÜSE-KASSELER-SÜLZE
To Go

Zutaten:

200 g	Karotten am Stück, geschält	**300 g**	Garflüssigkeit aus dem Mixtopf
100 g	Lauch, in feine Streifen geschnitten	etwas	gekörnte Brühe
		etwas	Salz & Pfeffer
100 g	Erbsen, TK	**2**	größere Gläser, verschließbar
5 Blatt	Gelatine		
150 g	Kasseler Braten, in Würfel geschnitten		

Zubereitung:

- 1 -

900 g Wasser in den Mixtopf füllen. Karotten in den Varoma legen.
Varoma aufsetzen und **25-27 Min./Varoma/Stufe 1** garen. Nach ca. 10 Min.
den Lauch und die Erbsen dazugeben und mit garen. Am Rand testen ob die Karotte
weich genug gegart ist - je nach Dicke evtl. noch ein paar Minuten in den Varoma zurückgeben.

- 2 -

Karotten in Blumen schneiden (s. Seite 9), wenn es schnell gehen muss können Sie diesen Schritt
auslassen und die Karotten z.B. in Scheiben schneiden. Gelatine 5 Min. in kaltem Wasser einweichen.
Kasseler und Gemüse auf die beiden Gläser verteilen.

- 3 -

300 g Garflüssigkeit auffangen und mit dem Gemüsebrühpulver, Salz & Pfeffer würzen.
Es sollte eine kräftige Gemüsebrühe entstehen.
Ausgedrückte Gelatine dazugeben und **10 Sek./Stufe 3** auflösen.

- 4 -

Die Flüssigkeit in die vorbereiteten Gläser füllen und nach dem Abkühlen in den Kühlschrank stellen.
Über Nacht ist die Sülze fertig geliert und kann für die Mittagspause mitgenommen werden.

TIPP: Nach Geschmack noch ein wenig Meerrettich dazu essen.

TRAMEZZINI-BROT

Zutaten:

100 g	Goldleinsamen	**2**	Eier
1 TL	Weinsteinbackpulver	**75 g**	Mineralwasser mit
½ TL	Meersalz		wenig Kohlensäure
etwas	Zucker	**30 g**	Rapsöl

Zubereitung:

- 1 -

Ofen auf 170°C, Ober-/Unterhitze vorheizen.
Goldleinsamen in den Mixtopf geben und **15 Sek./Stufe 9** mahlen.
Das Mehl mit dem Spatel vom Mixtopfrand lösen.

- 2 -

Alle weiteren Zutaten zugeben und **15 Sek./Stufe 4** vermischen.
Im Anschluss ca. 3 Min. im Mixtopf quellen lassen.

- 3 -

Masse auf ein mit Backpapier belegtes Backblech geben und mit einer
Teigkarte glattstreichen. Für ca. 25 Min. in den vorgeheizten Ofen geben.

- 4 -

Tramezzini-Brot kurz abkühlen lassen und in 4 Teile schneiden.
Das Tramezzini-Brot nach Lust und Laune belegen
z.B. Frischkäse, getrocknete Tomaten in Öl und Pesto.

kcal: 125
KH: 0 g
EW: 8 g
Fett: 10 g
Pro Portion:
PERFEKT FÜR EIN
Sandwich

QUARKINOS
Ruck Zuck

Zutaten:

250 g	Magerquark	**5 g**	feine Haferflocken
½ TL	Senf	**½ TL**	Salz
2	Eier	**etwas**	Pfeffer

Zubereitung:

- 1 -

Backofen auf 160°C, Ober-/Unterhitze vorheizen.
Alle Zutaten in den Mixtopf geben und **15 Sek./Stufe 4** vermengen.

- 2 -

Aus der Masse mit Hilfe eines Esslöffels 8 Quarkinos auf ein mit Backpapier belegtes
Backblech setzen und ca. 20 Min. im Backofen backen.

- 3 -

Werden Sie kreativ: Die Hälfte des Teiges im Mixtopf lassen und 2-3 getrocknete
Tomaten und etwas Thymian **40 Sek./Stufe 8** einpürieren. Nach der Hälfte der Backzeit
mit etwas Käse bestreuen - eignet sich bestens für ein Sandwich mit
Frischkäse/Rucola/Parmaschinken.

AUS DER
SCHNELLEN
Küche

Pro Quarkino:

kcal: 44

KH: 1 g

EW: 6 g

Fett: 1 g

CURRY-KÜRBIS-MUFFINS

Zutaten:

150 g	Hokkaidokürbis, in Stücken	**10 g**	Kokosmehl
½	rote Zwiebel	**15 g**	gem. Mandeln
1 EL	Olivenöl	**½ TL**	Backpulver
4	Eier	**1 TL**	Salz
30 g	Joghurt 3,5%	**etwas**	Pfeffer aus der Mühle
		2 TL	Grünes Currypulver (altern. gelbes)

Zubereitung:

- 1 -

Backofen auf 180°C Ober- und Unterhitze vorheizen.

- 2 -

Kürbis und Zwiebel in den Mixtopf geben und **5 Sek./Stufe 5** zerkleinern,
Öl dazugeben und **2:30 Min./Varoma/Stufe 1** dünsten. Etwas abkühlen lassen.
In der Zwischenzeit die Muffinförmchen vorbereiten
(Papierförmchen hineingeben oder einfetten).

- 3 -

Restliche Zutaten in den Mixtopf hinzufügen und **30 Sek./Teigstufe** vermengen.

- 4 -

Teig gleichmäßig auf die 6 Muffinförmchen verteilen und ca. 20-25 Min.
im vorgeheizten Backofen backen.

TIPP: Gemüse oder ein Salat rundet die Mahlzeit ab. Wer möchte kann die Muffins vor dem Backen noch mit Kürbiskernen belegen.

MEDITERRANE FRITTATA
mit Schinken

Zutaten:

2	Knoblauchzehen	**100 g**	gekochter Schinken, in Streifen
1 Bund	Petersilie	**etwas**	Salz & Pfeffer
7	Eier (Größe L)	**1 TL**	ital. Kräutermischung
250 g	Kirschtomaten, halbiert	**2 EL**	Olivenöl
20 g	entsteinte grüne Oliven, gehackt		

Zubereitung:

- 1 -

Knoblauch und Petersilie in den Mixtopf geben und **5 Sek./Stufe 6** hacken.
Eier zugeben und **10 Sek./Stufe 6** mixen.

- 2 -

Restliche Zutaten (außer Olivenöl) zugeben und **5 Sek./ ⟲ /Stufe 2** unterrühren.

- 3 -

Das Olivenöl in einer Pfanne erhitzen. Die Eiermischung hineingießen und
in 15-20 Min. bei schwacher Hitze stocken lassen. Auf einen Teller gleiten lassen,
umgedreht in die Pfanne stürzen und nochmals 5 Min. braten.
Abkühlen lassen und in Tortenstücke schneiden.

- 4 -

Genießen Sie die Frittata zu einem gemischten Salat.

DAS OMELETT AUS
Italien
Pro Portion:
kcal: 507
KH: 8 g
EW: 41 g
Fett: 34 g

Goldenes

BALLASTSTOFFBROT

Zutaten:

120 g	Goldleinsamen	1 TL	Salz
200 g	Magerquark	1 P.	Backpulver
50 g	saure Sahne	5 g	Brotgewürz
5	Eier	50 g	Flohsamenschalen
1 EL	Essig		
100 g	gemahlene Mandeln		

Zubereitung:

- 1 -

Backofen auf 180°C Ober- und Unterhitze vorheizen.
Mandelu Goldleinsamen **10 Sek./Stufe 8** mahlen und umfüllen.

- 2 -

Quark, saure Sahne, Eier und Essig in den Mixtopf einfüllen und **15 Sek./Stufe 4** mixen.
Alle restlichen Zutaten zugeben und **30 Sek./Teigstufe** vermengen.

- 3 -

Eine Brotbackform ausfetten, mit Leinsamen und/oder Brotgewürz bestreuen und
Teig einfüllen. Im vorgeheizten Backofen ca. 50-60 Min. backen.

TIPP: Die Mandeln können Sie gerne gegen einen Mix aus Cashewkerne und Sonnenblumenkerne austauschen. Im Kühlschrank ist das Brot länger haltbar.

ZUCCHINIKUCHEN

mit Tomatensalat

Zutaten Kuchen:

100 g	Parmesan, in Stücken	**2 EL**	Mandelmehl
1 Handvoll	Minze	**250 g**	Ricotta
30 g	Olivenöl	**4**	Eier
500 g	Zucchini, in Stücken	**1 TL**	Salz
		¼ TL	Pfeffer

Tomatensalat:

1 kg	Tomaten
1	Schalotte
1	Knoblauch
40 g	Balsamicoessig, dunkel
20 g	Olivenöl nativ
20 g	Senf
10 g	Tomatenmark
etwas	Salz und Pfeffer

Zubereitung:

- 1 -

Parmesan und Minze in den Mixtopf geben und **6 Sek./Stufe 9** reiben.
Zucchini hinzufügen und **5 Sek./Stufe 5** zerkleinern. 20 g Olivenöl zugeben und
10 Min./70°C/ / Stufe 1 garen. Masse in ein Sieb oder in das
Garkörbchen geben, gut ausdrücken und wieder in den Mixtopf umfüllen.

- 2 -

Eine Tarteform (Durchmesser 26 cm) mit 10 g Olivenöl ausstreichen und
gleichmäßig mit dem Mandelmehl ausstreuen. Backofen auf 180°C Ober-/Unterhitze
vorheizen. Restliche Zutaten in den Mixtopf geben und **10 Sek./ /Stufe 4** vermengen.
Die Masse in die Tarteform füllen und glatt streichen.

- 4 -

Den Zucchinikuchen im vorgeheizten Backofen ca. 30 Min. backen,
weitere 5 Min. mit Grill- bzw. Oberhitze leicht goldbraun backen.

- 5 -

Für den Tomatensalat die Tomaten entkernen und in Stücke oder Scheiben schneiden. In eine
Schüssel geben. Achtung, Kerne auffangen und in den Mixtopf geben! Restliche Zutaten für den Salat
zugeben und **5 Sek./Stufe 5** mixen. Dressing mit den Tomaten vermischen.
Den fertigen Zucchinikuchen in Quader oder Rauten schneiden und mit dem Salat servieren.

TORTA DI
zucchine

pro Portion
Zucchinikuchen:

kcal: 367

KH: 5 g

EW: 30 g

Fett: 27 g

TIPP: Falls Sie keine frische Minze haben,
schmeckt der Zucchinikuchen auch mit
einer Mischung aus Thymian und Petersilie.

Pro Portion mit Salat:
kcal: 428, KH: 14 g,
EW: 30 g, Fett: 28 g

PORREE

al Vinaigrette

Zutaten:

1 Liter	Gemüsebrühe	**Zutaten Vinaigrette:**	
2	junge Lauchstangen, geputzt und der Länge nach belassen	**15 g**	Senf, mittelscharf
4	Eier, heiß abgewaschen	**¼ TL**	Pfeffer
		½ TL	Salz
½ Bund	Petersilie	**10 g**	Zitronensaft, frisch gepresst
2 EL	Kapern	**10 g**	Balsamicoessig, weiß
1 TL	rote Pfefferbeeren	**20 g**	natives Rapsöl

Zubereitung:

- 1 -

Gemüsebrühe in den Mixtopf geben. Lauch im Ganzen in den Varoma legen,
die Eier daneben legen und **25 Min./Varoma/Stufe 1**.

- 2 -

Von der Gemüsebrühe 50 g zur Seite stellen. Tipp: Restliche Brühe können Sie
z.B. in einem Schraubglas im Kühlschrank aufbewahren.
Mixtopf kalt ausspülen und Eier abschrecken.

- 3 -

50 g der Gemüsebrühe, sowie alle Zutaten für die Vinaigrette in den Mixtopf geben
und **5 Sek./Stufe 5** vermengen. Eier pellen und hacken, Petersilie fein hacken.

- 4 -

Lauch auf den Teller geben, Vinaigrette, Eier, Kapern, Petersilie und
rote Pfefferbeeren darüber geben.

LUST AUF
Lauch
Pro Portion:
kcal: 326
KH: 11 g
EW: 20 g
Fett: 22 g

SOMMER-CASSATA
mit Ricotta & Pesto

Zutaten:

750 g	Tomaten, gehäutet und in kleine Würfel geschnitten	**6 Blatt**	Gelatine
1	große Zucchini, in feine Längsstreifen gehobelt	**1**	Schalotte, geschält
		1	Knoblauchzehe, geschält
1 TL	Salz	**250 g**	Ricotta
1 gr. Handvoll	Basilikumblätter	**etwas**	Basilikum-Pesto
		etwas	Salz & Pfeffer

Zubereitung:

- 1 -

Die Tomaten in ein Sieb geben, mit ½ TL Salz vermischen und 2 Std. abtropfen lassen, Flüssigkeit auffangen. Von der aufgefangenen Flüssigkeit werden später 200 g benötigt. Die Zucchinistreifen ebenfalls mit Salz vermischen und in ein Sieb geben zum Abtropfen, die Flüssigkeit wird hiervon nicht benötigt.

- 2 -

Gelatine nach Packungsanweisung einweichen. Basilikumblätter **5 Sek./Stufe 8** hacken. Umfüllen. Schalotte und Knoblauch **5 Sek./Stufe 5** zerkleinern. 200 g des aufgefangenen Tomatensaftes zugeben und **4 Min./70°C/Stufe 2** erwärmen. Die ausgedrückte Gelatine dazugeben und **5 Sek./Stufe 2** verrühren. Anschließend die Tomatenwürfel und Basilikum dazugeben, **4 Sek./Stufe 2** unterrühren. Mit Salz und Pfeffer abschmecken.

- 3 -

Eine Terrinenform mit den Zucchinistreifen auslegen und die Tomatenmasse einfüllen. Mit Zucchinistreifen oben abdecken und auskühlen lassen. Anschließend am besten über Nacht in den Kühlschrank geben.

- 4 -

Zum Servieren Ricotta auf einen Teller geben und einen Klecks Basilikum-Pesto darauf geben. Cassata in Scheiben schneiden und dazu genießen.

TIPP: Dieses Gericht ist auch lecker als Vorspeise.
Muss am Vortag vorbereitet werden.
Aufwändig, aber der Geschmack "entschädigt"!

EI IM SPINATBETT

mit Mozzarella

Zutaten:

40 g	Parmesan	**¼ TL**	Muskat
5	Salbeiblätter	**1 TL**	Salz
1	Knoblauchzehe	**½ TL**	Pfeffer
1	Zwiebel, halbiert	**2**	Eier
10 g	Rapsöl	**125 g**	Mozzarella-Bällchen
500 g	TK-Spinat, aufgetaut und Flüssigkeit ausgedrückt		

Zubereitung:

- 1 -

Backofen auf 200°C Ober- und Unterhitze vorheizen.
Parmesan in Stücken und Salbeiblätter in den Mixtopf geben.
5 Sek./Stufe 8 zerkleinern. Umfüllen.

- 2 -

Knoblauchzehe und Zwiebel in den Mixtopf geben und **5 Sek./Stufe 5** zerkleinern.
Mit dem Spatel vom Mixtopfrand nach unten Richtung Topfboden schieben.
Rapsöl zugeben und **3 Min./Varoma/Stufe 1** dünsten.

- 3 -

Ausgedrückten Spinat, die Hälfte der Parmesan-Salbei-Mischung, Muskat, Salz
und Pfeffer in den Mixtopf geben und **5 Sek./Stufe 5** vermengen.

- 4 -

Spinatmasse in eine Auflaufform geben und 2 Mulden eindrücken.
In diese Mulden die Eier hineingleiten lassen, Mozzarella und die andere Hälfte
der Parmesan-Salbei-Mischung auf dem Spinat verteilen.
Für ca. 25 Min. in den heißen Ofen geben.

HEISS
begehrt

kcal: 497
KH: 14 g
EW: 36 g
Fett: 32 g

Pro Portion:

BUNTE GEMÜSEPLATTE

Zutaten:

1	gr. Karotte (150 g)	2	gelbe Paprika
350 g	Blumenkohl, in kleinen Röschen	140 g	rote Zwiebeln
		2 EL	Olivenöl
250 g	Brokkoli, in kleinen Röschen	1 Dose	stückige Tomaten (400 g)
		2 EL	Balsamicoessig, weiß
1	rote Paprika	etwas	Salz & Pfeffer

Zubereitung:

- 1 -

Karotte der Länge nach halbieren (verkürzt die Garzeit) und mit den Blumenkohlröschen
in den Varoma geben. Die Brokkoliröschen auf dem Einlegeboden verteilen.
Paprika in feine Streifen schneiden und in das Garkörbchen geben.
Zwiebeln halbieren, in feine Ringe schneiden und in den Mixtopf geben.
1 EL Olivenöl zugeben und **4 Min./Varoma/ /Stufe 1** dünsten.

- 2 -

Tomaten und etwas Salz zugeben und Garkörbchen mit Paprika einsetzen.
Mixtopf verschließen, Varoma aufsetzen und das Ganze **25 Min./ Varoma/ /Stufe 1** garen.

- 3 -

Die Karotte aus dem Varoma in Streifen schneiden und mit dem restlichen Gemüse auf Tellern anrichten.
Mit Salz und Pfeffer würzen und mit Balsamico bianco und Olivenöl anrichten.

Dieses gedünstete Gemüse ist sehr variabel:
- Man kann es warm mit dem Parmesan-Öl (siehe Tipp) oder einfach mit gutem Olivenöl und weißem Balsamico anrichten.
- Auch kalt ist es sehr lecker, mit etwas Käse als Antipasti oder auch als Hauptspeise.

Die Gemüseplatte ist auch sehr gut geeignet für unterwegs oder als Mahlzeit mal schnell so zwischendurch - ich empfehle immer eine kleine Menge davon im Kühlschrank zu haben. Gemeinsam mit einem hartgekochten "Notfall-Ei" welches man auch immer im Kühlschrank haben sollte ist es ein optimales "Low-Carb-Fast-Food".

FRISCHE
Vielfalt
kcal: 155
KH: 13,8 g
EW: 7,6 g
Fett: 7,5 g
Pro Portion:
TIPP: Super zum Blumenkohl:
50g Parmesan in Stücken und eine Handvoll Petersilie
15 Sek./Stufe 6 hacken, 5 EL Olivenöl, Salz und Pfeffer
dazugeben und mit dem Blumenkohl vermengen.

GEMÜSENUDELN

mit Spinatpesto & Garnelen

Zutaten:

50 g	Kürbiskerne	200 g	Karotten, zu Spaghetti geschnitten
1	Knoblauchzehe	500 g	Zucchini, zu Spaghetti geschnitten
125 g	Baby-Spinatblätter		
1 TL	Zitronensaft	300 g	Garnelen
¼ TL	Salz	10 g	Olivenöl
etwas	Pfeffer	etwas	Salz & Pfeffer
15 g	Kürbiskernöl	etwas	frisch gemahlener Koriander
15 g	Rapsöl		

Zubereitung:

- 1 -

Kürbiskerne und Knoblauch in den Mixtopf geben und **10 Sek./Stufe 8** zerkleinern, mit dem Spatel einmal am Topfboden entlangfahren. Spinat zugeben und **5 Sek./Stufe 8** zerkleinern. Mit dem Spatel nach unten schieben.

- 2 -

Zitronensaft, Salz, Pfeffer und Öle hinzufügen und **10 Sek./Stufe 5** verrühren. Umfüllen und Mixtopf mit Wasser ausspülen.

- 3 -

Wasser **(TM31: 500 g · TM5: 800 g)** in den Mixtopf füllen und verschließen. Die Gemüsenudeln in den Varoma geben, aufsetzen und dünsten. **TM31: 10 Min./Varoma/Stufe 1, TM5: 12 Min./Varoma/Stufe 1** In der Zwischenzeit die Garnelen in einer Pfanne mit dem Olivenöl anbraten. Mit Salz, Pfeffer und Koriander abschmecken.

- 4 -

Gemüsenudeln mit Spinatpesto vermischen und mit Garnelen servieren.

TIPP: Wer möchte kann zu den Kürbiskernen, 40 g Parmesan hinzugeben und mitreiben lassen.

FISCHFILET & GARNELEN
alla puttanesca

Zutaten:

1	kleine Zwiebel, halbiert	etwas	Salz, Pfeffer
1	Knoblauchzehe	100 g	rohe Garnelen
2	Sardellenfilets (Glas)		(küchenfertig, frisch oder TK)
10 g	Olivenöl	150 g	Scholle oder Seelachs, gewürfelt
15 g	Tomatenmark	150 g	Lachs, gewürfelt
150 g	Lauch	1 EL	schwarze Oliven ohne
100 g	Karotten		Stein, klein geschnitten
150 g	Zucchini	2 TL	Kapern (Glas)
1 Dose	stückige Tomaten (400 g)	½ Bund	Basilikum, in Streifen geschnitten
100 g	Gemüsebrühe		

Zubereitung:

- 1 -
Zwiebel, Knoblauch und Sardellen in den Mixtopf geben und **5 Sek./Stufe 5** zerkleinern.
Mit dem Spatel vom Mixtopfrand nach unten Richtung Topfboden schieben.
Öl und Tomatenmark zugeben und **3 Min./Varoma/Stufe 1** dünsten.

- 2 -
Lauch, Karotten und Zucchini in Streifen bzw. Stifte schneiden und in den Varoma geben.
Fischfilets und Garnelen darauf verteilen. Stückige Tomaten, Gemüsebrühe, Salz und Pfeffer
in den Mixtopf geben. Mixtopf verschließen, Varoma aufsetzen und das Ganze
15-18 Min./Varoma/Stufe 1 garen.

- 3 -
Nach Garzeitende Varoma abnehmen. Oliven, Kapern und Basilikum
zur Sauce in den Mixtopf geben und **3 Sek./ ⟲ /Stufe 3** unterrühren.
Alles zusammen servieren.

NEUE UFER
Ahoi
Pro Portion:
kcal: 443
KH: 14 g
EW: 51 g
Fett: 23 g

LOW CARB PIZZA
mit Thunfischboden

Zutaten:

Boden:

2 Dosen	Thunfisch im eigenem Saft (Abtropfgew. je 185 g)
1 gestr.TL	Guarkernmehl
2	Eier

Für den Belag:

1	Paprika, in Streifen
1	kleine Zucchini, in Streifen
100 g	Champignon, in Scheiben
4 EL	Tomatenmark
etwas	Oregano
etwas	Salz & Pfeffer
125 g	Mozzarella, in kleinen Würfeln

Zubereitung:

- 1 -

Backofen auf 180°C Umluft vorheizen. Zutaten für den Boden in den Mixtopf geben und **1 Min./Stufe 3** zu einer homogenen Masse verrühren.

- 2 -

Masse mit Hilfe eines Teigschabers auf einem mit Backpapier belegten Backblech verteilen. Teig für ca. 10 Min. im vorgeheizten Backofen vorbacken. Mixtopf spülen.
Hinweis: Der Teig muss trocken sein! Je trockener umso knuspriger wird er.
Achtung: Wenn der Boden jedoch zu lange im Backofen ist, "geht er ein".

- 3 -

Wasser (**TM31: 500 g** · **TM5: 900 g**) in den Mixtopf füllen.
Gemüse für den Belag in das Garkörbchen geben, einsetzen und garen:
TM31: 10 Min./Varoma/Stufe 1, TM5: 12 Min./Varoma/Stufe 1.
Den Boden mit Tomatenmark bestreichen und mit Oregano, Salz und Pfeffer würzen.
Das Gemüse aus dem Garkörbchen daraufgeben, Pizza mit Mozzarella bestreuen und ca. 15 Min. im Ofen fertig backen.

kcal: 475

KH: 8 g

EW: 59 g

Fett: 23 g

Pro Portion:

TIPP: Falls Ihr Ofen eine Grillfunktion hat, diese noch für ca. 1 Minute zuschalten, dann wird die Pizza noch etwas krosser.

LACHSFRIKADELLEN

mit Gurkentagliatelle

Zutaten:

3	Salatgurken	100 g	frisches Lachsfilet, ohne Haut und Gräten, in Stücken
30 g	Apfelbalsamico		
1	Limette	100 g	Seelachs
etwas	Salz & Pfeffer	200 g	Räucherlachs, in Stücken
3 Zweige	Dill, entstielt	2	Eier
30 g	Staudensellerie, in Stücken, Fäden gezogen	½ TL	Salz
		etwas	Pfeffer aus der Mühle
20 g	frischer Ingwer	20 g	Rapsöl zum Braten
		20 g	Natives Rapsöl (für den Salat)

Zubereitung:

- 1 -

Gurke waschen, der Länge nach halbieren, entkernen und mit einem Sparschäler längs in feine Tagliatelle schneiden. In ein Sieb geben, leicht salzen und abtropfen lassen.

- 2 -

Saft von ½ Limette, Apfelbalsamico, etwas Salz und Pfeffer in den Mixtopf geben, **5 Sek./Stufe 5** vermischen. Umfüllen und Mixtopf spülen.

- 3 -

Dill, Staudensellerie und Ingwer bei **Stufe 8** auf das laufende Messer fallen lassen. Die drei Lachssorten hinzufügen und **5 Sek./Stufe 7** zerkleinern. Eier, Saft der restlichen ½ Limette, Salz und Pfeffer zugeben. **10 Sek./Stufe 4** mixen.

- 4 -

Aus der Masse Frikadellen formen und in einer beschichteten Pfanne mit Öl bei mittlerer Hitze von beiden Seiten goldbraun braten. Hitze reduzieren und weitere 7-8 Min. fertig garen. Mixtopf spülen

- 5 -

Gurkentagliatelle mit der Soße vermengen und zusammen mit den Lachsfrikadellen servieren.

TIPP: Die Lachsfrikadellen lassen sich sehr gut einfrieren. Das Auftauen klappt einfach und unkompliziert im Toaster auf Auftaufunktion. Eventuell 2-3 mal toasten, so hat man ganz schnell mal einen nahrhaften Snack.

SAIBLING IN SALZKRUSTE

mit Gemüsesalat

Zutaten:

6	Eiweiß
2-3 kg	grobes Meersalz
100 g	Wasser
2	frische, küchenfertige Bachsaiblinge (oder Lachsforellen, Forellen, Dorade usw.)
etwas	Salz & Pfeffer
4 Stängel	Petersilie
1	Biozitrone, in Scheiben
	Zahnstocher

300 g	Paprika (bunt gemischt)
200 g	Zucchini
200 g	Champignons
250 g	Tomaten, geviertelt oder geachtelt

Für die Marinade:

1	Knoblauchzehe
10 g	Kürbiskerne
4 Stängel	Petersilie
35 g	Balsamicoessig, weiß
25 g	Olivenöl
etwas	Salz & Pfeffer

Zubereitung:

- 1 -

Backofen auf 180°C Ober-/Unterhitze vorheizen. Eiweiß in den Mixtopf geben und mit Hilfe des Rühraufsatzes **ca. 2 Min./Stufe 4** steif schlagen. Mixtopf spülen.

Das Salz portionsweise **15 Sek./Stufe 8** mahlen. Eischnee, Salz und Wasser in einer sehr großen Schüssel vermengen. Mixtopf spülen.

- 2 -

Die Bachsaiblinge waschen, mit Salz und Pfeffer würzen und mit Petersilie und Zitrone füllen. Mit Zahnstochern verschließen. In eine große Auflaufform, oder auf ein mit Backpapier ausgelegtes Backblech ca. die Hälfte des Salzschnees geben und flach verteilen. Darauf die Fische legen und den restlichen Salzschnee über diesen verteilen. Ca. 40 Min. im vorgeheizten Backofen garen.

- 3 -

Paprika, Zucchini und Champignons in mundgerechte Stücke schneiden und in den Varoma geben. 1.000 g Wasser in den Mixtopf geben, verschließen und Varoma aufsetzen. Das Ganze **25 Min./Varoma/Stufe 1** garen. Mixtopf spülen.

- 4 -

Knoblauch, Kürbiskerne und Petersilie im Mixtopf **7 Sek./Stufe 8** zerkleinern. Restliche Zutaten für die Marinade dazugeben und **3 Sek./Stufe 4** mischen. Marinade mit Gemüse und Tomaten in einer großen Schüssel durchmischen und abkühlen lassen. Alles zusammen servieren.

TIPP: Wenn der Fisch fertig ist (erkennt man am besten an der goldbraunen Oberfläche) können Sie diese "freiklopfen". Keine Angst, das Salz lässt sich ohne weiteres entfernen und der Fisch ist nicht versalzen! Durch diese Garmethode ist der Fisch besonders saftig und toll im Aroma! Auch beliebt bei Gästen.

Indisches
PUTENCURRY

Zutaten:

1	Zwiebel, halbiert	450 g	Paprika
5 g	Ingwer geschält	200 g	Zucchini
2-3	Knoblauchzehen	200 g	Karotte
15 g	Rapsöl	350 g	Putenbrustfilet
90 g	Tomatenmark	20 g	milde, grüne Currypaste
80 g	Joghurt, 1,5%	1 TL	Kurkuma
400 g	Kokosmilch, Dose	1 EL	Garam Masala
		1 TL	Salz

Zubereitung:

- 1 -

Zwiebel, Ingwer und Knoblauch in den Mixtopf geben und **5 Sek./Stufe 6** zerkleinern.
Mit dem Spatel vom Mixtopfrand nach unten Richtung Topfboden schieben.
Rapsöl zugeben und **3 Min./Varoma/Stufe1** dünsten.

- 2 -

Tomatenmark, Joghurt, Kokosmilch zufügen und **15 Min./100°C/Stufe 2** reduzieren lassen.
Inzwischen das Gemüse in Streifen schneiden und in den Varoma geben.
Putenbrust in Würfel schneiden und in das Garkörbchen geben.

- 3 -

Gewürze in den Mixtopf hinzufügen und **3 Min./Varoma/Stufe 1** erhitzen.
Garkörbchen mit Fleisch einsetzen. Varoma mit Gemüse aufsetzen und das Ganze
30 Min./Varoma/Stufe 1 garen.

- 4 -

Das Fleisch mit der Sauce vermengen und zusammen mit dem Gemüse servieren.

ORIENTALISCHER
Genuss

Pro Portion:
kcal: 424
KH: 25 g
EW: 51 g
Fett: 12 g

SCHWEINERAGOUT

mit Balsamicosoße

Zutaten:

350 g	Schweinefilet	50 g	Orangensaft
15 g	Olivenöl	2	Lorbeerblätter
200 g	Zwiebeln, geachtelt	1 EL	Tomatenmark
2	Knoblauchzehen, geachtelt	½ TL	Salz
1 Bund	Petersilie	¼ TL	Pfeffer
½	Peperoni, entkernt und in feine Streifen geschnitten	½ TL	Zimt
		½ TL	Kreuzkümmel
100 g	Gemüsebrühe	350 g	Cocktailtomaten, halbiert
50 g	Balsamicoessig, weiß		

Zubereitung:

- 1 -

Schweinefilet in Würfel schneiden und in den Mixtopf geben. Öl hinzufügen und
4 Min./Varoma/ /Sanftrührstufe dünsten.

- 2 -

Zwiebeln, Knoblauch, 1 EL Petersilie dazugeben und weitere
2 Min. /Varoma/ /Sanftrührstufe andünsten.

- 3 -

Peperoni, Gemüsebrühe, Balsamico, Orangensaft, Lorbeerblätter, Tomatenmark und Gewürze
dazugeben und **30 Min./60°C/ /Sanftrührstufe** köcheln lassen.

- 4 -

Cocktailtomaten und restliche Petersilie zugeben und
weitere **5 Min./60°C/ /Sanftrührstufe**.
Auf 2 Tellern anrichten und servieren.

HERZHAFTES
Ragout
kcal: 342
KH: 14 g
EW: 43 g
Fett: 12 g
Pro Portion:

GESCHNETZELTES

mit Schmorgurken

Zutaten:

1	Zwiebel, halbiert	10 g	mittelscharfen Senf
2	Knoblauchzehen	10 g	Kapern
10 g	Olivenöl	100 g	Sojacreme (z.B. Soya cuisine Provamel)
300 g	Kalbfleisch		
100 g	Gemüsebrühe	1 Bund	Schnittlauch, in Röllchen
etwas	Salz & Pfeffer	1 Bund	Dill, gehackt
1	Lorbeerblatt	1 TL	Zitronensaft
500 g	Schmorgurken		

Zubereitung:

- 1 -

Zwiebel und Knoblauch in den Mixtopf geben und **5 Sek./Stufe 5** zerkleinern.
Mit dem Spatel vom Mixtopfrand nach unten Richtung Topfboden schieben.
Öl zugeben und **3 Min./Varoma/Stufe 1** dünsten.
Fleisch in ca. 3 cm große Würfel schneiden, zugeben und
5 Min./Varoma/ ⟲ /Sanftrührstufe garen.

- 2 -

Gemüsebrühe, Salz, Pfeffer und Lorbeerblatt hinzufügen und **40 Min./80°C/ ⟲ /Stufe 1**
erhitzen. Gurken schälen, halbieren und in ca. 1 cm dicke Streifen schneiden.
Zusammen mit Senf, Kapern und Sojacreme zufügen und **7 Min./100°C/ ⟲ /Stufe 1** erhitzen.

- 3 -

Nun noch die Kräuter (ein paar für die Deko zur Seite legen) und Zitronensaft dazugeben
und **3 Min./80°C/ ⟲ /Stufe 1** fertiggaren, das Lorbeerblatt entfernen.

- 4 -

Auf einem schönen Teller anrichten und mit den Kräutern garnieren.

TIPP: Das Schälen der Schmorgurke sollte von der Blüte zum Stiel hin erfolgen, damit kann vermieden werden, dass die Schmorgurke bitter wird. Vom Stiel her könnte sie nämlich bitter sein, daher auch ungefähr die ersten 5 cm entfernen.

Pro Portion:

kcal: 349

KH: 9 g

EW: 41 g

Fett: 16 g

Griechische
MOUSSAKA

Zutaten:

400 g	Auberginen		**1 TL**	Salz
450 g	Zucchini		**¼ TL**	Pfeffer
100 g	Bergkäse, in Stücken		**¼ TL**	Cayennepfeffer
2	Knoblauchzehen		**1 ½ EL**	Kräuter der Provence
1	große Zwiebel, halbiert		**2**	Lorbeerblätter
10 g	Olivenöl		**4 EL**	Olivenöl
500 g	Tatar		**200 g**	Feta, light
150 g	Gemüsebrühe			
800 g	stückige Tomaten			

Zubereitung:

- 1 -

Backofen auf 180°C Umluft vorheizen. Auberginen und Zucchini in 1 cm dicke Scheiben schneiden, salzen und ca. 20 Min. Wasser entziehen lassen. Mit Küchenkrepp abtrocknen. Bergkäse in den Mixtopf geben und **20 Sek./Stufe 5** reiben. Umfüllen.

- 2 -

Knoblauch und Zwiebel **5 Sek./Stufe 5** zerkleinern.
Mit dem Spatel vom Mixtopfrand nach unten Richtung Topfboden schieben.
10 g Olivenöl zugeben und **3 Min./Varoma/Stufe 1** dünsten. Tatar im Varoma verteilen.
Gemüsebrühe, stückige Tomaten und die Gewürze in den Mixtopf geben, Varoma mit dem Tatar aufsetzen und **25 Min./Varoma/ /Stufe 1** garen.

In der Zwischenzeit die Gemüsescheiben auf 2 leicht gefettete Backbleche legen und mit 2 EL Öl bepinseln. Für ca. 20 Min. in den Backofen geben.

- 3 -

Feta zerbröseln, und eine Auflaufform leicht einfetten. Lorbeerblätter aus der Tomatensoße entfernen. Nun alle Komponenten in der Auflaufform schichten: Auberginen und Zucchinischeiben in die Form geben, Tomatensauce, Feta und wieder von vorne beginnen - mit Hackfleisch- und Tomatensauce abschließen. Bergkäse und restlichen Feta daraufgeben und im vorgeheizten Backofen ca. 45 Min. backen.

FRISCH AUS DEM
Ofen

TIPP: Das Moussaka kann auch vegetarisch zubereitet werden, hierfür verwenden Sie statt Hackfleisch Sojaschnetzel, die in Gemüsebrühe und etwas Sojasoße quellen durften.

LAUCH

a la Bolognese

Zutaten:

20 g	Parmesan	10 g	Rapsöl
4 Stangen	Lauch, gewaschen und einmal in der Länge geschnitten	2 Dosen	stückige Tomaten (á 400 g)
500 g	Tatar (mageres Rinderhackfleisch)	10 g	Balsamicoessig, dunkel
300 g	Champignons, in Scheiben	200 g	Gemüsebrühe
2	Zwiebeln, halbiert	1 TL	Salz
110 g	Karotten	etwas	Pfeffer
30 g	Knollensellerie	1 TL	Paprikapulver, edelsüß
1	Knoblauchzehe	2 TL	Ital. Kräuter

Zubereitung:

- 1 -

Parmesan einwiegen und **15 Sek./Stufe 10** zerkleinern. Umfüllen. Lauch in den Varoma geben. Einlegeboden mit Backpapier auslegen, das Hackfleisch locker darauf verteilen und einsetzen. Champignons darauf verteilen und mit dem Varomadeckel abdecken

- 2 -

Zwiebeln, Karotte, Sellerie und Knoblauch in den Mixtopf geben und **5 Sek./Stufe 5** zerkleinern. Öl zugeben und **4 Min./Varoma/Stufe 1** anschwitzen. Tomaten, Balsamico, Gemüsebrühe, Salz, Pfeffer, Paprikapulver und ital. Kräutermischung zugeben.

- 3 -

Varoma aufsetzen und **45 Min./Varoma/Stufe 1** garen. Nach Garzeitende die Tatar-Champignonmischung in den Mixtopf zugeben und **5 Sek./ /Stufe 2** unterrühren.

- 4 -

Lauch mit der Soße anrichten und mit Parmesan bestreut servieren.

TIPP: Die Hackfleischsoße ist für 4 Portionen angegeben, frieren Sie die Hälfte portionsweise ein, dann brauchen Sie nur den Lauch zu dämpfen oder bereiten das Gericht z.B. mit Zucchininudeln oder Kürbis zu.

Belegte
RIESEN-FLEISCHKÜCHLE

Zutaten:

1	Zwiebel, in Stücken
1	Knoblauchzehe
50 g	Lauch, in Stücken
1 Handvoll	Petersilie
1 EL	Olivenöl
400 g	Tatar
1	Ei
½ TL	Salz
½ TL	Oregano
etwas	Pfeffer
4 EL	Tomatenmark
6	kleine Tomaten, in Scheiben geschnitten
1	kleine Zucchini (80g), mit dem Schäler in Streifen geschnitten
125 g	Mozzarella

Zubereitung:

- 1 -

Backofen auf 180°C Ober-/Unterhitze vorheizen.
Zwiebel, Knoblauch, Lauch und Petersilie in den Mixtopf geben und **5 Sek./Stufe 5** zerkleinern.
Öl zugeben und **3 Min./Varoma/Stufe 1** dünsten.

- 2 -

Tatar, Ei und Gewürze hinzufügen und **45 Sek./Stufe 3** vermengen. Die Hälfte des Hackfleischteiges auf ein mit Backpapier ausgelegtes Backblech geben und zu einem ca. 2 cm hohen, runden Küchlein formen (funktioniert am besten mit einer kleinen Kuchenform). Mit der zweiten Hälfte wiederholen.

- 3 -

Mit je 2 EL Tomatenmark bestreichen und mit Tomaten, Zucchini und Mozzarella belegen. Im vorgeheizten Backofen ca. 45 Min. backen.

EIN RUNDER
Lecker
bissen
kcal: 559
KH: 6 g
EW: 70 g
Fett: 28 g
Pro Portion:
TIPP: Dazu schmeckt ein Salat.

FRÜHSTÜCKSGRANOLA

Zutaten:

400 g	Nüsse (z.B. Walnuss, Haselnuss, Mandeln, Cashewkerne usw.)	**1 TL**	Vanillepulver
200 g	Sojaflocken	**1 TL**	Zimt oder Lebkuchengewürz
50 g	Mandelmus o. Nussmus (z.B. von Rapunzel)	**50 g**	Flohsamenschalen

nach Bedarf:
1 EL   Erythrit

Zubereitung:

- 1 -
Backofen vorheizen auf 170°C Ober- und Unterhitze.
Nüsse in den Mixtopf geben und **12 Sek./Stufe 4** zerkleinern und umfüllen.

- 2 -
Mandelmus mit den Gewürzen **3 Min./70°C/Stufe 1** erwärmen.
Restliche Zutaten in den Mixtopf geben und **15 Sek./ /Stufe 1** unterrühren.

- 3 -
Nussmischung auf ein mit Backpapier belegtes Backblech geben und ca. 15 Min. backen.
Nach der Hälfte der Backzeit das Müsli einmal wenden.
Abkühlen lassen und in einem Vorratsbehälter aufbewahren.

Die Granola schmeckt z.B. mit fettarmen Joghurt, Quark und frischen Beeren.

TIPP: Dieses Müsli kann als Zwischenmahlzeit bei der Arbeit oder abends geknabbert werden. Achten Sie jedoch trotzdem auf den hohen kcal-Gehalt!

Kokos Vanille

FRÜHSTÜCKSSHAKE

Zutaten:

5 g	Chiasamen	**150 g**	Joghurt, 1,5% Fett
30 g	Sojaflocken	**etwas**	Vanillepulver
50 g	Kokosmilch	**80 g**	Himbeeren
100 g	Wasser		

Zubereitung:

- 1 -
Entweder am Abend vorher die Chiasamen mit dem Wasser verrühren.
Nach ca 5-10 Minuten nochmals verrühren, da die Chiasamen sonst klumpen.
Über Nacht im Kühlschrank quellen lassen

ODER
am gleichen Tag ca. 20 Minuten vor dem Frühstück quellen lassen.

- 2 -
Sojaflocken in den Mixtopf geben und **8 Sek./Stufe 8** mahlen.

- 3 -
Gequollene Chiasamen, sowie alle restlichen Zutaten zugeben
und **15 Sek./Stufe 4** mixen. In ein Glas geben und genießen.

FÜR EINEN
guten Start
IN DEN TAG!
Pro Portion:
kcal: 343
KH: 14 g
EW: 21 g
Fett: 22 g

APFEL-PFANNKUCHEN

Zutaten:

30 g	Walnüsse	**etwas**	Zimt oder Lebkuchen-gewürz nach Geschmack
1 kleiner	Apfel (80 g)	**2**	Eier (Größe L)
15 g	Milch	**5 g**	Butter

Zubereitung:

- 1 -

Walnüsse in den Mixtopf geben und **5 Sek./Stufe 6** zerkleinern. Umfüllen.

- 2 -

Apfel vierteln, entkernen und **5 Sek./Stufe 5** zerkleinern.
Restliche Zutaten (außer Butter) in den Mixtopf geben
und **5 Sek./Stufe 3** verquirlen.

- 3 -

In einer Pfanne die Butter erhitzen. Die Eiermasse anbraten
bis die gewünschte Konsistenz erreicht ist.

SO HERRLICH
saftig
kcal: 454
KH: 15 g
EW: 19 g
Fett: 36 g
Pro Portion:
TIPP: Durch den hohen Fettgehalt
zum Abnemen nicht so gut geeignet.

NUSSWAFFELN
mit Heidelbeerquark

Zutaten Waffeln:

3	Eiweiß	60 g	Kokosmilch o. Sojamilch	
1 Prise	Salz	1 TL	Vanillepulver	
45 g	Walnüsse	1 TL	Zimt	
45 g	Mandeln			
3	Eigelb	1 EL	Butter zum Einfetten	
20 g	Erythrit			

Heidelbeerquark:

100 g	Magerquark
etwas	Mineralwasser
etwas	Zimt und Erythrit
50 g	Heidelbeeren

Zubereitung:

- 1 -

Eiweiß und Salz in den Mixtopf geben. Rühraufsatz einsetzen und
ca. 2 Min./Stufe 4 steif schlagen. In eine große Schüssel umfüllen.
Rühraufsatz entfernen und Mixtopf kurz ausspülen und trocknen.
Waffeleisen aufheizen lassen.

- 2 -

Nüsse im Mixtopf **10 Sek./Stufe 9** zerkleinern. An der Mixtopfkante mit dem Spatel
etwas lockern. Restliche Zutaten hinzufügen und **30 Sek./Stufe 4** vermengen.

- 3 -

Die Masse zum Eischnee geben und mit Hilfe des Spatels locker unterheben.
Teig in das gefettete Waffeleisen einfüllen und 2 Waffeln (je nach Waffeleisen) backen.

- 4 -

Mixtopf spülen. Für den Heidelbeerquark Quark, Mineralwasser, sowie Zimt und
Erythrit **15 Sek./Stufe 3** vermischen. Heidelbeeren dazugeben und
5 Sek./ ↺/Stufe 2 unterrühren.
Fertige Waffeln und den Quark zusammen genießen.

TIPP: Durch den hohen Fettgehalt zum Abnemen nicht so gut geeignet.

TIRAMISU
mit Mascarpone

Zutaten:

5	Eier	250 g	Mascarpone
1 Prise	Salz	250 g	Magerquark
15 g	Erythrit	3	Eigelb
75 g	Mandeln, gem.	**70 g**	Erythrit
1 ½ TL	Backpulver	**½ TL**	Vanillepulver
ca. 5 Tassen	starken Espresso,	**2 TL**	Amaretto
	abgekühlt	**1 EL**	Backkakao

Zubereitung:

- 1 -

Backofen auf 180°C Ober- und Unterhitze vorheizen. Eier trennen.
Eiweiß und Salz mit Hilfe des Rühraufsatzes im (fettfreien) Mixtopf
ca. 2 Min./Stufe 4 steif schlagen. Umfüllen und Rühraufsatz entfernen.

- 2 -

Eigelb, Backpulver, Erythrit und die gemahlenen Mandeln in den Mixtopf geben
und **20 Sek./Stufe 4** vermischen. Eischnee zugeben und **5 Sek./Stufe 3** unterheben.
Eine Springform mit Backpapier auslegen, den Teig einfüllen und für ca. 20 Min. backen.
Mixtopf spülen.

- 3 -

Eigelb mit dem Erythrit in den Mixtopf geben und **6 Min./Stufe 2** verrühren.
Mascarpone und Quark dazugeben und weitere **4 Min./Stufe 4** vermischen.

- 4 -

Den Boden nach dem Backen abkühlen lassen und in Stücke schneiden. Kalten Espresso
mit 2 EL Amaretto vermischen und den Boden damit tränken. Nun Boden im Wechsel mit der
Mascarponecreme in 4 kleine Gläser schichten. Tiramisu abgedeckt im Kühlschrank ziehen lassen.
Vor dem Servieren mit Backkakaopulver bestäuben.

FEINES IM
Glas

kcal: 518

KH: 6 g

EW: 23 g

Fett: 44 g

Pro Portion:

TIPP: Wer auf die KH aus dem Amaretto verzichten will, kann diesen gegen etwas Bittermandelaroma tauschen.

Durch den hohen Fettgehalt zum Abnemen nicht so gut geeignet.

SCHOKOMUFFINS
mit Himbeeren

Zutaten:

ca. **70 g**	Schokolade, mind. 80 % Kakao	**1 Prise**	Salz
20 g	Butter	**½ TL**	Vanillepulver
2	Eier	**20 g**	Erythrit
160 g	gem. weiße Mandeln	**100 g**	Himbeeren (frisch oder TK)
½ P.	Backpulver		

Zubereitung:

- 1 -
Backofen auf 180°C Ober-/Unterhitze vorheizen.
Schokolade in Stücken **5 Sek./Stufe 7** zerkleinern. Umfüllen.

- 2 -
Butter in den Mixtopf geben und **2 Min./37°C/Stufe 1** schmelzen lassen.
Rühraufsatz einsetzen, Eier zugeben und **2 Min./Stufe 4** schaumig schlagen.

- 3 -
Restliche Zutaten (außer Himbeeren) dazugeben und **2 Min./Stufe 4** vermengen.
Himbeeren zugeben und **15 Sek./ /Stufe 2** unterrühren.

- 4 -
Teig in gefettete Muffinformen füllen, und für ca. 30 Min. im
vorgeheizten Backofen backen.

MIT LIEBE
gebacken
Pro Portion:
kcal: 388
KH: 13 g
EW: 15 g
Fett: 31 g

SCHOKO-CANTUCCINI

Zutaten:

60 g	Butter	20 g	Goldleinsamen, gem.
130 g	Erythrit	1 TL	Backpulver
2	Eier (Gr. L)	2 EL	Backkakao
½ TL	Vanillepulver	5 g	Guarkernmehl
1 Prise	Salz	100 g	Mandeln, grob gehackt
130 g	Mandeln, gem.		

Zubereitung:

- 1 -

Backofen auf 160°C Ober-/Unterhitze vorheizen.
Butter **2 Min./37°C/Stufe 1** erwärmen. Erythrit, Eier, Vanille und Salz dazugeben
und **2 Min./Stufe 4** mit eingesetztem Rühraufsatz verrühren.

- 2 -

Rühraufsatz entnehmen und Masse mit dem Spatel nach unten schieben.
Die restlichen Zutaten (außer die grob gehackten Mandeln)
zugeben und **4 Min./Stufe 5** verrühren. Nun die grob gehackten Mandeln zugeben
und **15 Sek./Stufe 4** vermischen. Anschließend ca. 5 Minuten quellen lassen.

- 3 -

Aus dem klebrigen Teig 2 kleine Brotlaibe formen. Das funktioniert am besten,
wenn Sie die Hälfte des Teiges länglich auf Frischhaltefolie geben, einschlagen und rollen
(Noch besser funktioniert ein aufgeschnittener 1 Liter-Gefrierbeutel, da die Folie etwas
fester ist und daher nicht so klebt). Geben Sie die Rollen auf ein mit Backpapier ausgelegtes Blech.
Die Brote nun für ca. 25 Min. in den Ofen geben.

- 4 -

Die Rollen ca. 5 Min. abkühlen lassen und mit einem scharfen Messer in
Scheiben schneiden. Wieder auf das Blech geben und weitere 15-20 Min. backen.

- 5 -

In einer geschlossenen Metalldose aufbewahren, da sie sonst Feuchtigkeit ziehen!

DER PERFEKTE
BEGLEITER ZU
Kaffee

kcal: 79
KH: 0,6 g
EW: 3 g
Fett: 7 g

Pro Cantuccini

TIPP: Im Winter auch herrlich mit Zimt!

MARMORKUCHEN

Zutaten:

60 g	weiche Butter	**220 g**	weiße Mandeln, gem.
90 g	Erythrit	**1 P.**	Backpulver
etwas	Vanillepulver	**50 g**	Eiweißpulver, neutral (s. Seite 7)
1 Prise	Salz	**etwas**	Zitronenschalenabrieb
4	Eier (Gr. L)	**2 gestr. EL**	Backkakao
100 g	Joghurt, 1,5% Fett		
10 g	Rum		

Zubereitung:

- 1 -

Backofen auf 180°C Ober-/Unterhitze vorheizen.
Butter, Erythrit, Vanillepulver und Salz mit Hilfe des Rühraufsatzes
2 Min./37°C/Stufe 2 erwärmen.

- 2 -

Eier, Joghurt und Rum hinzufügen und weitere **2 Min./37°C/Stufe 3** verrühren.
Rühraufsatz entfernen.

- 3 -

Gemahlene Mandeln, Backpulver und Eiweißpulver zugeben,
1 Min./Stufe 4 verrühren. 2/3 des Teiges umfüllen. Zum restlichen Teig Kakao geben
und **30 Sek./Stufe 3** vermischen.

- 4 -

In eine ausgefettete Backform zuerst den dunklen Teig geben, dann den hellen Teig darauf verteilen.
Dann mit einer Gabel spiralenförmig durch den Teig gehen, damit das typische
Marmorkuchen-Muster entsteht.

- 5 -

Kuchen für ca. 45 Min. in den vorgeheizten Backofen stellen. Nadelprobe nicht vergessen.

BELIEBTER
Klassiker
kcal: 197
KH: 2 g
EW: 11 g
Fett: 16 g
Pro Portion

Eiersatz = 1 Ei ≙

1/2 gemuste Banane (f. süße Kuchen

3 Eßl. Apfelmus (z.B. f. Muffins)

1 Eßl Stärkemehl mit Wasser (etwas

verrühren (für Herzhaftes)